ASSOCIATION
RÉPUBLICAINE DÉMOCRATIQUE
D'ÉPERNAY

STATUTS

EPERNAY

IMP. DE « L'INDÉPENDANT »

C. PHOUX et rue de l'Indépendant

——

1893

STATUTS

DE

L'ASSOCIATION RÉPUBLICAINE DÉMOCRATIQUE

D'ÉPERNAY

ASSOCIATION
RÉPUBLICAINE DÉMOCRATIQUE
D'ÉPERNAY

STATUTS

ÉPERNAY

IMPRIMERIE DE « L'INDÉPENDANT »

Passage Prioux et rue de l'*Indépendant*

—

1893

ASSOCIATION RÉPUBLICAINE DÉMOCRATIQUE
D'ÉPERNAY

STATUTS

ARTICLE PREMIER

Une Société est fondée entre les électeurs républicains d'Epernay qui adhéreront aux présents statuts. Elle a pour titre : «**Association Républicaine démocratique**» d'Epernay. Son siège est en cette ville ; sa durée est illimitée.

ART. 2

L'Association comprend des membres actifs et des membres honoraires.

Tous les républicains du canton peuvent faire partie de l'Association, à titre de *membres actifs*, sous la réserve qu'ils seront électeurs, présentés par deux membres, et enfin admis par le Bureau constitué.

Les mêmes dispositions s'appliquent aux électeurs étrangers du canton, qui sont admis en qualité de *membres honoraires* et qui n'ont droit ni de discussion ni de vote.

ART. 3

L'Association est administrée par un Comité composé au minimum de 15 et au maximum de 30 membres, nommés en assemblée générale, au scrutin de liste et à la majorité absolue des membres présents.

ART. 4

Ne peut faire partie du Comité tout membre de l'Association investi de l'un des mandats suivants : sénateur, député, conseiller général ou conseiller d'arrondissement.

Art. 5

Le Comité administratif nomme, parmi ses membres : un président, deux vice-présidents, un secrétaire, un vice-secrétaire et un trésorier ; les autres membres du Comité prennent le titre d'administrateurs.

En toutes circonstances, et notamment dans les assemblées générales, le Comité forme le Bureau de l'Association.

Art. 6

Les membres élus de la Commission administrative seront renouvelables par tiers à chaque assemblée générale. Les membres sortants seront rééligibles.

Aussitôt la constitution de la Commission administrative et du Bureau, il sera tiré au sort les noms des membres dont le renouvellement devra se faire à la première assemblée générale.

Art. 7

Le Comité peut se réunir une fois par trimestre, et plus souvent s'il est néces-

saire, sur la convocation du président, ou, en cas d'empêchement, d'un des vice-présidents.

Art. 8

L'année sociale commence le 1er janvier et finit le 31 décembre. Par exception, la première année prend date du jour de la formation de la Société, et ira de cette date au 31 décembre 1894.

Art. 9

Une assemblée générale des membres de l'Association a lieu au siège social le 25 novembre de chaque année. Dans cette assemblée, le Comité rend compte de l'exécution de son mandat, et le trésorier présente un rapport sur la situation financière.

Les convocations aux assemblées générales sont faites individuellement et huit jours au moins à l'avance par le président et le secrétaire; elles indiquent l'ordre du jour.

Art. 10

L'Association peut être convoquée en assemblée générale ordinaire en vertu d'une décision du Comité. Elle doit l'être lorsque la demande en est faite au président par le dixième des membres de l'Association.

Art. 11

Tout sociétaire qui veut entretenir l'Assemblée d'une question non inscrite à l'ordre du jour, doit en prévenir le président au moins cinq jours à l'avance. Toutefois, le Comité restera juge de l'opportunité de la discussion d'une question présentée à l'entrée en séance.

Art. 12

Les décisions des assemblées générales sont prises à la majorité des membres présents. Au deuxième tour de scrutin, la majorité relative suffit. Les votes sont secrets.

Art. 13

En dehors du but de propagande républicaine que se propose l'Association, la
Commission aura à s'occuper sérieuse-
ment de toutes les élections sénatoriales,
législatives et autres concernant le canton.

Art. 14

Dans les quinze jours qui suivront une
vacance, la Commission se réunira pour
désigner un ou plusieurs de ses membres,
ayant pour mission de se mettre en rapport avec les autres sociétés républicaines
de l'arrondissement ou du département,
pour examiner les titres des différents
candidats qui pourront être proposés pour
la vacance.

Art. 15

Aussitôt la période électorale ouverte,
une réunion des membres de la Commission aura lieu pour s'entendre sur ce qui
devra être fait dans le canton, pour le
succès du candidat proposé.

ART. 16

La Société devra s'inspirer des principes démocratiques et subvenir, dans la mesure de ses ressources, aux frais nécessités par les élections prévues aux articles qui précèdent.

ART. 17

Les membres de l'Association, indépendamment des dons manuels volontaires, acquitteront une cotisation dont le montant est fixé à *un franc* par semestre.

Le trésorier inscrira sur un registre à souches toutes les sommes perçues par lui et mentionne le versement sur une quittance, qui servira de carte d'entrée pour les réunions et pour les assemblées générales.

ART. 18

Est réputé démissionnaire tout membre qui n'acquitte pas sa cotisation de deux semestres consécutifs.

ART. 19

Est exclu, de l'Association, tout membre qui aura failli aux lois de l'honneur, celui qui est privé de ses droits électoraux, et qui commet une infraction manifeste aux présents statuts, ou une faute grave contre la discipline républicaine et les principes démocratiques.

ART. 20

Aucune modification ne peut être apportée aux présents statuts que par une assemblée générale comprenant le tiers des membres de l'Association. Toute proposition de modification aux statuts doit être soumise au Comité administratif un mois au moins avant cette assemblée.

Les modifications ne sont définitives qu'après approbation de l'autorité compétente.

ART. 21

La dissolution de l'Association ne peut être prononcée que par une assemblée générale spécialement convoquée à cet effet et comprenant la majorité absolue des sociétaires.

En cas d'insuffisance des membres présents à cette assemblée, la même décision peut être prise par une assemblée convoquée quinze jours avant la première, quel que soit le nombre des membres qui la composent.

Toute proposition de dissolution doit être soumise au Comité administratif au moins six semaines avant une de ses dernières réunions, et émaner du quart des sociétaires.

ART. 22 ET DERNIER

En cas de dissolution de l'Association, les fonds en caisse seront attribués à une œuvre de bienfaisance.

COMITÉ ADMINISTRATIF

Président : M. MAUPOIL.

Vice-présidents : MM. le D¹ PÉCHADRE et MATHIS.

Secrétaire : M. CHANAL.

Vice-secrétaire : M. DUBREUIL.

Trésorier : M. HYARD.

Administrateurs : MM. BROCOT, CHAMPION, COCHARD, COLLARD, DAGONET, DUBRULLE, HÉDOUIN, LELORAIN, MERCIER, PETIT, THÉVENIN, TRAMUZET.

ÉPERNAY. — IMPRIMERIE MAYER

76

www.ingramcontent.com/pod-product-compliance
Lightning Source LLC
Chambersburg PA
CBHW060733280326
41933CB00013B/2622